BEI GRIN MACHT SICH
WISSEN BEZAHLT

- Wir veröffentlichen Ihre Hausarbeit,
  Bachelor- und Masterarbeit

- Ihr eigenes eBook und Buch -
  weltweit in allen wichtigen Shops

- Verdienen Sie an jedem Verkauf

Jetzt bei www.GRIN.com hochladen
und kostenlos publizieren

Bibliografische Information der Deutschen Nationalbibliothek:

Die Deutsche Bibliothek verzeichnet diese Publikation in der Deutschen National-bibliografie; detaillierte bibliografische Daten sind im Internet über http://dnb.d-nb.de/ abrufbar.

Impressum:

Copyright © 2009 GRIN Verlag, Open Publishing GmbH
Druck und Bindung: Books on Demand GmbH, Norderstedt Germany
ISBN: 9783640475940

Dieses Buch bei GRIN:

http://www.grin.com/de/e-book/138599/kurzarbeit-chancen-und-risiken

Julia Misoch

Kurzarbeit. Chancen und Risiken

GRIN Verlag

GRIN - Your knowledge has value

Der GRIN Verlag publiziert seit 1998 wissenschaftliche Arbeiten von Studenten, Hochschullehrern und anderen Akademikern als eBook und gedrucktes Buch. Die Verlagswebsite www.grin.com ist die ideale Plattform zur Veröffentlichung von Hausarbeiten, Abschlussarbeiten, wissenschaftlichen Aufsätzen, Dissertationen und Fachbüchern.

Besuchen Sie uns im Internet:

http://www.grin.com/

http://www.facebook.com/grincom

http://www.twitter.com/grin_com

Fachhochschule
für Oekonomie & Management
University of Applied Sciences

FOM – Fachhochschule für Ökonomie und Management

Essen

Berufsbegleitender Studiengang zur Diplom-Kauffrau (FH)

Seminararbeit im Schwerpunktfach
Unternehmensführung im Mittelstand

Chancen und Risiken von Kurzarbeit

Autorin: Julia Misoch

Bearbeitungszeitraum: 28.05.2009 – 28.06.2009

Dortmund, den 03.07.2009

Inhaltsverzeichnis

Abkürzungsverzeichnis

i. S. d.	im Sinne des
z.B.	zum Beispiel
SGB I	Erstes Sozialgesetzbuch – Allgemeiner Teil
SGB II	Zweites Sozialgesetzbuch
SGB III	Drittes Sozialgesetzbuch
u. a.	und andere

Tabellenverzeichnis

1 Einleitung

1.1 Problemstellung

Durch die derzeit konjunkturell angespannte Lage in Deutschland erlebt das Arbeitsmarktinstrument Kurzarbeit nun eine echte Renaissance. In den vergangenen Jahren waren saisonale Faktoren der Hauptgrund für die Anmeldung von Kurzarbeit, heutzutage zieht die aktuelle Wirtschaftskrise ihre Kreise über dem Arbeitsmarkt. Seit Anfang August 2008 steigt, aufgrund der konjunkturellen Schwierigkeiten die Zahl der Kurzarbeiter kontinuierlich an. Nun werden aus Zahlen plötzlich Schicksale. Die Entwicklung der Kurzarbeiteranzahl zeigt, welchen hohen Stellenwert das Arbeitsmarktinstrument Kurzarbeit bekommen hat.[1] Kurzarbeit ist nicht nur noch eine Notmaßnahme zur Lösung der negativen Auswirkungen der Finanz- und Wirtschaftskrise sowie eine soziale Auffangmaßnahme für die von Arbeitslosigkeit bedrohten Arbeitnehmer und Arbeitnehmerinnen, sondern auch eine Subvention an Unternehmen mit besonders krisenanfälligen Industrien. Sollte die Krise dazu genutzt werden das Modell Kurzarbeit, welches in die Krise geraten ist, z. B. innovationsfeindliche oder schon lange in der Krise befindliche Unternehmen vor dem Ruin zu schützen und zu stützen, so muss ein Umdenken in den Betrieben, der Gesellschaft und der Politik stattfinden.[2]

1.2 Vorgehensweise

Ziel dieser Arbeit ist es die Chancen und Risiken von Kurzarbeit strukturiert heraus zu arbeiten. Zur Erreichung dieses Ziels wird zunächst eine Begriffserklärung der Kurzarbeit gegeben, um darauffolgend den rechtlichen Rahmen von Kurzarbeit heraus zu stellen. Nach der Erarbeitung der grundlegenden Bausteine werden zusätzlich die Sonderformen der Kurzarbeit erläutert, um die Erläuterungen zur Kurzarbeit abzurunden. Weiter wird eine kritische Einordnung der Kurzarbeit als Arbeitsmarkinstrument in die aktuelle Situation vorgenommen. Dazu passend wird ein kurzer Überblick über die Neuregelungen im Kurzarbeitergeld plus, die aufgrund der

---

[1] Vgl. Crimmann A., Wießner F. (2009).
[2] Vgl. Schatz B., Öllinger K., Hofbauer I., Wurz L. (2009).

Wirtschaftskrise vereinbart wurden, gegeben. Dann folgt eine ausführliche Erläuterung über die Qualifizierungsmöglichkeiten für Arbeitnehmer, um diese in der Bewertung wieder aufgreifen zu können. Nach allen Recherchen kann danach ein ausführliches Aufzeigen der Chancen und Risiken von Kurzarbeit für Arbeitnehmer und Unternehmen ermöglicht werden. Zuletzt wird ein kurzes Fazit mit Bezug auf die derzeitige Situation gebildet.

2 Grundlagen

2.1 Definition Kurzarbeit

Für viele Unternehmen ist Kurzarbeit ein Arbeitsmarktinstrument, welches eine Sonderform und so einen Ausnahmezustand des bestehenden Arbeitsverhältnisses mit verringerter Regelarbeitszeit, und somit einen geplanten Arbeitsausfall darstellt. Ob der Arbeitsausfall stunden-, tage- oder wochenweise auftritt, obliegt den Unternehmen. Dieses Instrument wird dann zum Einsatz gebracht, wenn das Verhältnis zwischen Arbeit und Arbeitnehmern nicht mehr im Gleichgewicht steht, konjunkturelle Kurzarbeit ist hier die vollwertige Bezeichnung. Im Zustand der Kurzarbeit arbeiten die Arbeitnehmer über einen bestimmten Zeitraum weniger als im vertraglichen Umfang vereinbart, bzw. gar nicht (Kurzarbeit Null).[3] Die Form der Kurzarbeit dient den Unternehmen in wirtschaftlich schwierigen Zeiten, um Entlassungen der Arbeitnehmer mittels geringerer Personalkosten zu vermeiden. Das Unternehmen kann die vertraglich vereinbarte Arbeitszeit unter bestimmten Mindestbedingungen kürzen, wodurch eine neue betriebsinterne Flexibilität geschaffen werden kann.[4] Aufgrund der reduzierten Arbeitszeit entstehen den Arbeitnehmern Einkommenseinbußen, welche in gewisser Höhe von der Bundesagentur für Arbeit durch einen angemessenen Ausgleich begrenzt werden können.[5] Es gibt zwei Sonderformen von Kurzarbeit: die saisonale Kurzarbeit und die Transfer-Kurzarbeit.

2.2 Rechtliche Bedingungen

2.2.1 Sozialrechtliche Voraussetzungen

Die grundsätzlichen sozialrechtlichen Rahmenbedingungen für Kurzarbeit sind im §169 Sozialgesetzbuch III geregelt. Die Anmeldung von Kurzarbeit bedingt nach §170 SGB III einen erheblichen Arbeitsausfall, welcher aus wirtschaftlichen oder aber anderen unabänderbaren Gründen

---

[3] Vgl. Hilgenfeld/ Schömmel/Wasmuth (2004) S.174.
[4] Vgl. Bundesministerium für Arbeit und Soziales (2009).
[5] Vgl. Allmendiger/ Eichhorst/ Walwei (2001) S.175.

vorübergehenden vorliegen muss.[6] Diese Gründe liegen dann vor, wenn beispielsweise die Personalkapazität größer ist, als das Volumen an Arbeitsaufträgen. Allerdings ist die Voraussetzung dafür, dass in der Zukunft wieder Aufträge vorliegen werden, welche nicht vorziehbar sind. Außerdem muss ein Arbeitsausfall nicht vermeidbar sein. Es müssen alle erheblichen Vorkehrungen bereits getroffen worden sein, um einen Arbeitsausfall zu vermeiden. Aufgrund dessen ist die Einführung von Kurzarbeit nur dann möglich, wenn es kein branchenabhängiger, betriebsüblicher, betriebsorganisatorischer oder saisonbedingter Arbeitsausfall ist. Vorgenannte Voraussetzung ist dann erfüllt, wenn ein Drittel, der im Betrieb oder der Betriebsabteilung tatsächlich beschäftigten Arbeitnehmer (exklusiv der Auszubildenden) mehr als 10% des monatlichen Bruttoentgelts weniger verdienen. Eine weitere Voraussetzung ist, dass betriebliche und persönliche Bedingungen erfüllt sein müssen. Die betriebliche Voraussetzung ist nach §171 SGB III dann erfüllt, wenn unabhängig der Größe und der Rechtsform des Unternehmens mindestens ein Arbeitnehmer beschäftigt ist. Zu den persönlichen Voraussetzungen des Arbeitnehmers zählen nach §172 SGB III, dass er nach Eintritt des Arbeitsausfalls einer sozialversicherungspflichtigen Tätigkeit nachgeht oder aus zwingenden Gründen beginnt oder aber auch in Anbindung an die Beendigung einer Ausbildung eine Beschäftigung aufnimmt.[7] Sollte das Arbeitsverhältnis jedoch gekündigt oder aufgehoben worden sein, besteht kein Anspruch auf Kurzarbeitergeld. Es besteht weiterhin ein Anspruch auf Kurzarbeitergeld, wenn der Arbeitnehmer krankheitsbedingt seiner Beschäftigung nicht nachgehen kann. Zusätzlich wird von den Arbeitnehmern eine grundsätzliche Vermittlungshandlung der Bundesagentur für Arbeit gefordert. Das bedeutet, dass wenn die Bundesagentur für Arbeit, dem Arbeitnehmer eine zumutbare Beschäftigung anbietet, er diese, wenn nicht ein wichtiger Grund vorliegt, annehmen muss. Ansonsten droht dem Arbeitnehmer eine Sperrzeit für das Arbeitslosengeld. Die dritte sozialrechtliche Voraussetzung die erfüllt sein sollte, ist ein arbeitgeberseitiges und arbeitnehmerseitiges schriftliches Anzeigen des Arbeitsausfalls bei der Bundesagentur für Arbeit, wobei der arbeitgeberseitigen Anzeige eine Stellungnahme des Betriebsrates beizufügen ist. Die schriftliche Anzeige durch den Arbeitgeber ist

---

[6] Vgl. George C. (2009).
[7] Vgl. Tellmann, U. (2009).

gleichzeitig eine materiell-rechtliche Anspruchsvoraussetzung. Sollte die Stellungnahme in der arbeitgeberseitigen Anzeige fehlen, so ist die schriftliche Anzeige fehlerhaft und somit unwirksam. In der Anzeige hat der Arbeitgeber die Aufgabe den erheblichen Arbeitsausfall und die betrieblich erfüllten Voraussetzungen glaubhaft zu machen. Zu beachten ist, dass nur Anzeigeberechtigte auch Antragsberechtigte sind. Der arbeitgeberseitige Antrag muss folgende Daten der Arbeitnehmer, die zur Kurzarbeit angemeldet werden sollen, enthalten: Name, Anschrift und Sozialversicherungsnummer. Mit Ablauf des Kalendermonats, in dem die Tage der Kurzarbeit liegen, beginnt die Frist, indem sich der Kurzarbeitszeitraum nicht über mehr als ein Kalendermonatsende erstreckt. So würde die Frist einheitlich erst nach dem letzten Kalendermonat, in dem Kurzarbeitergeld beantragt wird, beginnen.[8]

2.2.2 Arbeitrechtliche Voraussetzungen

Grundsätzlich trägt der Arbeitgeber nach §615 BGB das Risiko für einen möglichen Arbeitsausfall. Unabdingbar ist eine vorherige im Arbeitsvertrag festgelegte Vereinbarung der Möglichkeit zur Kurzarbeit. In der Regel gibt es Ermächtigungsnormen, welche unter festgelegten Voraussetzungen eine Einführung von Kurzarbeit möglich machen. Zu beachten ist, dass die Anordnung von Kurzarbeit jedoch an konstante Ankündigungsfristen gebunden ist. Im Fall einer Nichtanwendung des Tarifvertrages im Unternehmen, ist auch eine Betriebsvereinbarung oder eine betriebliche Individualvereinbarung als Rechtsgrundlage zur Einführung von Kurzarbeit möglich.[9] Die betriebliche Individualvereinbarung kann direkt bei Vertragsabschluss mit dem Arbeitnehmer oder aber auch aus konkretem Anlass getroffen werden. Beiden Formen ist vom mitbestimmungsberechtigten Betriebsrat, sollte dieser existieren, nach §87 Abs. 1 Nr. 3 BetrVG zu zustimmen. Auch durch ihn können vorgenannte Vereinbarungen getroffen werden, diese wirken zwingend für alle Arbeitsverhältnisse im Unternehmen.[10]

---

[8] Vgl. George C. (2009).
[9] Vgl. Göbel, A. (2009).
[10] Vgl. George C. (2009).

2.3 Sonderformen der Kurzarbeit

In der Literatur werden die saisonbedingte Kurzarbeit und die Transferkurzarbeit (auch Kurzarbeit Null genannt) als Sonderformen der Kurzarbeit unterschieden.

2.3.1 Saisonbedingte Kurzarbeit

Die saisonbedingte Kurzarbeit wird aufgrund der Schlechtwetterzeit (Dezember bis März) beantragt. Dieses gilt insbesondere für Arbeitnehmer aus Betrieben des Baugewerbes, Dachdeckerhandwerks und des Garten- und Landschaftsbaus. In der Gerüstbaubranche ist die Schlechtwetterzeit von November bis Ende März definiert.[11] Der Arbeitsausfall muss aus wirtschaftlichen, witterungsbedingten oder unabänderbaren Ereignissen Gründen begründet, vorübergehend und unvermeidbar sein.[12] Nicht vermeidbar bedeutet im Sinne der saisonbedingten Kurzarbeit, dass es überwiegend branchenüblich, betriebsüblich oder saisonbedingt sein muss. Ziel ist es, das Arbeitsverhältnis durch Saison-Kurzarbeitergeld aufrecht zu erhalten. Wie mit saisonbedingter Kurzarbeit und dem dazugehörigen Saison-Kurzarbeitergeld zu verfahren ist, ist in dem § 175 bis 175 b SGB III geregelt. Im Gegensatz zur Regelung bei der konjunkturellen Kurzarbeit wird das Saisonkurzarbeitergeld ab der 1. Ausfallstunde gewährt, wenn der Arbeitsausfall nicht mittels eines Zeitguthabens überbrückt werden kann. Somit ist der Arbeitsausgleich durch Zeitguthaben vorrangig vor der Lohnersatzzahlung. Exakt wie bei dem konjunkturellen Kurzarbeitergeld kann es nur dann bezogen werden, wenn sich der Arbeitnehmer nicht in einem gekündigten Arbeitsverhältnis befindet oder es durch einen Aufhebungsvertrag aufgelöst worden ist. Das Saisonkurzarbeitergeld finanziert sich durch die Beiträge aus der Arbeitslosenversicherung.[13]

---

[11] Vgl. Bundesagentur für Arbeit (2009).
[12] Vgl. Tellmann, U. (2009).
[13] Vgl. Bundesagentur für Arbeit (2009).

2.3.2 Transferkurzarbeit

Die Transferkurzarbeit wird in Folge einer internen Restrukturierung eines Unternehmens (Betriebsänderung i. S. d. §111 BetrVG) angemeldet. Möglichkeiten einer Betriebsänderung nach §111 BetrVG können z. B. Stilllegung des gesamten Unternehmens oder wesentlicher Unternehmensteile, Verlegung des Standortes des Unternehmens oder auch ein Zusammenschluss mit anderen Unternehmen sowie Veränderungen im Rahmen der Betriebsorganisation oder Anwendung neuer Fertigungsmethoden (zunehmende Automatisierung) sein. Die rechtliche Grundlage der Transferkurzarbeit ist im §216 b SGB III geregelt. Im Gegensatz zur konjunkturell- und saisonbedingten Kurzarbeit, hat die Transferkurzarbeit nicht das Ziel die Arbeitnehmer in ihre Vollbeschäftigung zurück zu führen. Vielmehr geht es bei der Transferkurzarbeit darum, den Personalabbau so zu gestalten, dass möglichst wenige Arbeitnehmer in die Arbeitslosigkeit geraten.[14] Ein weiterer Unterschied ist, dass die Arbeitnehmer nicht mehr für ihren eigentlichen Arbeitgeber tätig sind, sondern in eine Transfergesellschaft gebündelt werden und hierbei ihr Transferkurzarbeitergeld erhalten. Anders als bei der konjunkturellbedingten Kurzarbeit, ist eine Anordnung der Transferkurzarbeit auf 12 Monate begrenzt.[15] Als Pflichten der Arbeitnehmer für den Bezug von Transferkurzarbeitergeld bestehen die selbigen, wie bei der konjunkturellen Kurzarbeit. Zusätzlich zu den Melde- und Anzeigepflichten wird hierbei von dem Arbeitnehmer eine besondere Mitwirkungspflicht erwartet. Sie besteht darin, dass sich der Arbeitnehmer um Transferleistungen bemühen muss. Eine Nichteinhaltung dieser Mitwirkungspflicht hat, genau wie bei der konjunkturellen Kurzarbeit zur Folge, dass dem Arbeitnehmer eine Arbeitslosengeld-Sperre bei der Bundesagentur für Arbeit verhängt wird.[16]

---

[14] Vgl. Berner, W. (2004).
[15] Vgl. Tellmann, U. (2009).
[16] Vgl. Nemak, M. (2009).

3 Aktueller Rahmen der Kurzarbeit

3.1 Kurzarbeit als Arbeitsmarktinstrument

Die beschäftigungssichernde Funktion macht die Kurzarbeit zu eines der wichtigsten arbeitsmarktpolitischen Instrumente. Fern ab vom verbreiteten Bild, dass nur Großunternehmen die Kurzarbeit nutzen, sind typische Nutzer Kleinbetriebe. Auch entgegen des verbreiteten Bildes nehmen nicht nur verarbeitende Gewerbe Kurzarbeit in Anspruch, sondern auch der Dienstleistungssektor.[17] Durch die anhaltende Wirtschaftskrise zieht die Regierung bereits neue Instrumente zum Eingreifen in den Arbeitmarkt in Erwägung. So könnte es den Unternehmen in Zukunft möglich sein, für den Zeitraum der Wirtschafskrise ihre Arbeitnehmer in öffentlich finanzierte Transfergesellschaften zu verschieben. Jedoch erfordert dieses Vorhaben verschiedene Gesetzesänderungen. Diese Überlegungen entstanden aus der Sorge, dass die Kapazität der Kurzarbeit nicht ausreichen könnte.[18]

3.2 Kurzarbeitergeld plus

Kurzarbeitergeld ist eine staatlich Subvention, um Arbeitsplätze in Unternehmen in wirtschaftlich schwierigen Zeiten zu sichern. Mit dem Kurzarbeitergeld sollen ein Teil der Einkommenseinbußen der von Kurzarbeit betroffenen Arbeitnehmer ausgeglichen werden.[19] Der Ausgleich durch das Kurzarbeitergeld wird aus der Arbeitslosenversicherung finanziert.[20]

Wegen einer schlechten Prognose für das Jahr 2009 sollen zusätzliche stabilisierende Maßnahmen für den Arbeitsmarkt ermöglicht werden, um so die aktuell anhaltende Wirtschaftskrise schadenbegrenzt zu überstehen. So entstand eine Neuregelung bei der Verfahrensweise mit Kurzarbeit, wobei folgende Maßnahmen vereinbart wurden. Bei dem neuen „Kurzarbeitergeld plus" wird die bisherige Bezugsdauer von

---

[17] Vgl. Bundesministerium für Arbeit und Soziales (2009).
[18] Vgl. Evert H. (2009).
[19] Vgl. Berner W. (2004).
[20] Vgl. Crimmann A., Wießner F. (2009) S.6.

Kurzarbeitergeld von 12 Monaten auf maximal 24 Monate aufgestockt. Zusätzlich werden die Unternehmen zur weiteren Unterstützung ab dem sechsten Monat bereits geleisteter Kurzarbeit in voller Höhe von den Sozialversicherungsbeiträgen befreit. So wird das Zeitfenster des Sechs-Monats-Zeitraums auch vor In-Krafttreten des „Kurzarbeitergeld plus" berücksichtigt und so mit einberechnet. Außerdem sollen die Rahmenbedingungen etwas gelockert werden, und zwar, indem nach einer Unterbrechung der Kurzarbeit eine erneute Antragstellung bei wiederkehrender Kurzarbeit nicht erforderlich ist. Ein weiteres Ziel von „Kurzarbeitergeld plus" ist, neu abgeschlossene Ausbildungsverträge zu sichern, auch sollen übernommene Auszubildende und befristet beschäftigte Arbeitnehmer zukünftig direkt in Kurzarbeit gehen können. [21]

3.3 Kurzarbeit zur Nutzung zur Qualifizierung

Im Zustand der Kurzarbeit müssen die Arbeitnehmer weniger als vertraglich vereinbart arbeiten, daraus resultierend sind die Arbeitnehmer zeitlich nur teilausgelastet oder sogar gar nicht. Daraus ergibt sich die Frage, wie die Arbeitnehmer die Zeit sinnvoll nutzen könnten. So könnte die Phase der Kurzarbeit zur Qualifizierung genutzt werden. Das Konjunkturpaket II gibt den Arbeitnehmern neue Chancen durch Förderung von Weiterbildungsmaßnahmen.[22] An Qualifizierungsmaßnahmen können Arbeitnehmer ohne Berufsausbildung, Arbeitnehmer mit vierjähriger Berufserfahrung ohne Berufsausbildung und Arbeitnehmer mit abgeschlossener Berufsausbildung teilnehmen. Somit können sich gering qualifizierte als auch qualifizierte Arbeitnehmer weiterbilden. Den gering qualifizierten Arbeitnehmern wird ermöglicht an einer zum Berufsabschluss führende Maßnahme teilzunehmen, den qualifizierten Arbeitnehmern wird ermöglicht arbeitsplatzbezogene Zusatzkenntnisse oder aber auch nichtarbeitsplatzbezogene Zusatzkenntnisse zu erlangen. Bei Arbeitnehmern ohne Berufsausbildung werden die Kosten für eine Aus- oder Weiterbildungsmaßnahme in voller Höhe durch die Bundesagentur für Arbeit erstattet. Für Arbeitnehmer mit vierjähriger Berufserfahrung

---

[21] Vgl. Hundt D., Sommer M., Scholz O. (2009).
[22] Vgl. Bundesministerium für Arbeit und Soziales (2009).

ohne eine abgeschlossene Berufsausbildung wird ein Zuschuss zu den Fahrt- und Kinderbetreuungskosten gewährt. Arbeitnehmer mit einer abgeschlossenen Berufsausbildung erhalten eine Erstattung von 25% bis 80% der Lehrgangskosten, der jeweilige Erstattungssatz richtet sich nach Art der Qualifizierung, der Betriebsgröße und der Person des Arbeitnehmers. Im Konjunkturpaket II ist enthalten, dass die Bundesagentur für Arbeit, wenn sich Arbeitnehmer, die sich in Kurzarbeit befinden, für die Teilnahme an einer anerkannte Weiterbildungsmaßnahme entscheiden, sie den gesamten Sozialversicherungsbeitrag für den Zeitraum des Arbeitsausfalls in pauschalierter Form erstattet bekommen.[23] Jedoch ist eine Erstattung des Sozialbeitrages nur bei öffentlich geförderten Qualifizierungsangeboten möglich. Öffentlich geförderte Qualifizierungsangebote sind z. B. Maßnahmen mit Zulassung der Anerkennungs- und Zulassungsverordnung Weiterbildung, die im Rahmen der Förderung beruflicher Weiterbildung nach dem SGB III durchgeführt werden und andere öffentlich geförderte Maßnahmen zur Weiterbildung. Grundsätzlich ist zu beachten, dass die Weiterbildungsmaßnahme im zeitlichen Rahmen des Arbeitsausfalls liegt. Es können aber auch andere nicht öffentlich geförderte Qualifizierungen mit Erstattung des Sozialbeitrages durchgeführt werden, jedoch müssen dazu bestimmte Kriterien erfüllt sein. Zu diesen zu erfüllenden Kriterien zählen, dass kein ausschließliches überwiegendes Interesse des Arbeitgebers erkennbar sein darf, dass die erlangten Kenntnisse auf dem allgemeinen Arbeitsmarkt nutzbar sein müssen und ein Qualifizierungsplan für den jeweiligen Arbeitnehmer im Unternehmen vorliegen muss. Außerdem ist zu beachten, dass der Mindestumfang der Weiterbildungsmaßnahme bei 50% des Arbeitsausfalls liegen muss und, dass die Maßnahme den Arbeitnehmer nicht an der Rückkehr zum Unternehmen nach Beendigung der Kurzarbeitsphase hindern darf. Von der Förderung ausschlussfähige Qualifizierungen sind Maßnahmen, die gesetzlich zwingend vom Arbeitgeber durchzuführen sind, wie z. B. Unfallverhütung oder Erste-Hilfe-Kurse.[24]

---

[23] Vgl. Crimmann A., Wießner F. (2009) S.3.
[24] Vgl. Bundesministerium für Arbeit und Soziales (2009).

Eine Übersicht der Möglichkeiten sollen die Qualifizierungsbedingungen mit allen möglichen Kombinationen veranschaulichen.

Wege der Qualifizierung Beschäftigter im Überblick

Programm	FbW während Kurzarbeit	ESF-BA-Programm	WeGebAU	Konjunkturpaket II Ausweitung WeGebAU	Konjunkturpaket II
Grund des Arbeitsausfalls	konjunkturell / saisonal	konjunkturell / saisonal	weiterbildungs-bedingt	weiterbildungs-bedingt	weiterbildungs-bedingt
Personengruppe	gering qualifizierte Kurzarbeiter	nicht gering qualifizierte Kurzarbeiter	Ältere in KMU und gering qualifizierte Arbeitnehmer	Qualifizierte Arbeitnehmer, deren Berufsabschluss und berufl. Qualifizierung mind. 4 Jahre zurück liegen	Leiharbeitnehmer bei Wiedereinstellung
Förderung mit	Weiterbildungs-kosten	Lehrgangs-kosten	Weiterbildungskosten Arbeitsentgeltzuschuss (Geringqualifizierte)	Weiterbildungskosten	Weiterbildungskosten Arbeitsentgeltzuschuss (Geringqualifizierte)
Förderhöhe	100 %	25 – 80%	bis zu 100 %	100%	bis zu 100%
Qualifizierung nach AZWV zugelassen	ja	ja, Ausnahmen möglich	ja	ja	ja
im/ außerhalb des Betriebes	außerhalb	beides	je nach Fallgestaltung	außerhalb	je nach Fallgestaltung

Tabelle 1: Wege der Qualifizierung Beschäftigter im Überblick

Quelle:

http://www.arbeitsagentur.de/zentraler-Content/Veroeffentlichungen/Sonstiges/Wege-der-Qualifizierung.pdf

4 Bewertung

4.1 Chancen und Risiken für Unternehmen

Viele Unternehmen sehen in wirtschaftlich schlechten Zeiten meist nur den Ausweg, Arbeitnehmer zu entlassen, dies als letzten Ausweg zu betrachten, ist durch die Möglichkeit zur Anmeldung von Kurzarbeit stark gemindert.[25] Die Zahlung von Kurzarbeitergeld durch die Bundesagentur für Arbeit verringert die Personalkosten erheblich dadurch, dass nur die Löhne und Gehälter der tatsächlich geleisteten Arbeit an den Arbeitnehmer gezahlt werden müssen und so ein Abweichen von im Arbeitsvertrag geregelten Werten genehmigt ist. Die erweiterte Neuregelung von Februar 2009 des Kurzarbeitergeldes erleichtert den Unternehmen die Entscheidung für die Anmeldung von Kurzarbeit, da sie die Sozialbeiträge ab dem sechsten Monat in Kurzarbeit vollständig übernehmen wird. Dabei werden die Kosten für das Unternehmen nochmals erheblich gesenkt. Auch die Verlängerung der Zahlung des Kurzarbeitergeldes entlastet sie beträchtlich von Kosten. Gleichzeitig bleiben den Unternehmen ihre Arbeitnehmer und so das Know-how und Fachwissen erhalten und verhindern so eine Abwanderung derer zu Konkurrenzunternehmen. Sollte die Konjunktur und die Auftragslage kurzfristig wieder steigen, so können Unternehmen schnell entgegnen, indem sie die Arbeitszeit wieder erhöhen oder zur Vollbeschäftigung zurückkehren.[26] Würden Arbeitnehmer betriebsbedingt entlassen werden müssen, so bleibt dem Unternehmen eine komplizierte Sozialauswahl, und auch bei Massenentlassungen eine Erstellung eines Sozialplans erspart. Weil Unternehmen durch das Instrument der Kurzarbeit ihre Arbeitnehmer halten können, werden so Kosten für die Suche, Rekrutierung und Einarbeitung eingespart.[27] Mit der Qualifizierung der Arbeitnehmer während der Kurzarbeit kann dem Fachkräftemangel entgegengewirkt werden. Weiter können die Unternehmen ihre Wettbewerbsfähigkeit durch qualifizierte Arbeitnehmer steigern.[28] Darin inbegriffen ist die Förderung der Motivation und der Betriebstreue der Mitarbeiter, weil die Bemühungen des Unternehmens für die Arbeitnehmer erkennbar

---

[25] Vgl. Bundesministerium für Arbeit und Soziales (2009).
[26] Vgl. Datev eG (2009) S.2.
[27] Vgl. Crimmann A., Wießner F. (2009) S.4.
[28] Vgl. Bundesministerium für Arbeit und Soziales (2009).

werden, dass es eine Krise ohne Freisetzungen überstehen möchte.[29] Die Anmeldung von Kurzarbeit bietet den Unternehmen eine hohe Flexibilität hinsichtlich der gezielten Einsetzung der Arbeitnehmer im Bezug auf die noch zu leistende Arbeitszeit. Arbeitnehmer können individuell auf das noch vorhandene Auftragsvolumen verteilt werden.[30]

Eine im Unternehmen angeordnete Kurzarbeit ist keine Garantie dafür, dass die Bundesagentur für Arbeit automatisch auch Kurzarbeitergeld zahlen wird. Sie muss dem Antrag zur Kurzarbeit erst stattgeben. Außerdem ist die Erfüllung der sozialversicherungsrechtlichen Voraussetzungen nicht immer klar für die Unternehmen erkennbar. Die Gefahr bei der arbeitsrechtlichen Verwirklichung von Kurzarbeit ist, dass Vereinbarungen als pauschal angesehen werden könnten, da die Regelungen für die Einführung von Kurzarbeit in den Betriebsvereinbarungen sehr allgemein gehalten sind. Ein Beispiel dafür ist eine textähnliche Passage wie „Details werden bei Bedarf zwischen dem Unternehmen und dem dazugehörigen Betriebsrat durch formlose Absprache geregelt". Wenn eine Betriebsvereinbarung über die Einführung von Kurzarbeit unwirksam ist, entfällt die Rechtsgrundlage zur Kurzarbeit absolut und rückwirkend. Das Unternehmen haftet also, wenn ein Arbeitnehmer durch eine unwirksame Betriebsvereinbarung die Entgeltabweichung für den Zeitraum, in indem er kurz gearbeitet hat, geltend macht. Dies steht dem Arbeitnehmer auch dann zu, wenn er tatsächlich weniger als vereinbart gearbeitet hat. Sollte die Anordnung von Kurzarbeit für Unternehmen unzulässig gewesen sein, können somit die Voraussetzungen für die Zahlung von Kurzarbeitergeld als nicht erfüllt gelten. In einem Extremfall hat die Bundesagentur für Arbeit einen Anspruch auf Rückzahlung und kann bzw. wird diesen geltend machen.[31] Infolge der Anmeldung der Kurzarbeit könnten die Arbeitnehmer aufgrund einer negativen Erwartung für die Zukunft des Unternehmens ihre Motivation für ihre Arbeit verlieren. Die Verunsicherung der Arbeitnehmer kann einen Motivationsverlust erwirken. Unter dem Verlust der Motivation könnte eventuell das Ergebnis der geleisteten Arbeit leiden, überdies verschlechtert sich das Unternehmen selbst. Sollte es keine Aufschwungphase geben, so wäre das Halten von Arbeitnehmern

[29] Vgl. Datev eG (2009) S.2.
[30] Vgl. Wilhelm A., Trautmann P., Bölter D. (2008) S.1.
[31] Vgl. Brierley A. (2009).

nicht lohnenswert gewesen, da dies enorme Kosten verursachen. Auch der Arbeitsausfall an sich kostet das Unternehmen Geld, es muss also genau abgewogen werden, ob die Anmeldung von Kurzarbeit überhaupt sinnvoll ist.[32]

4.2 Chancen und Risiken für Arbeitnehmer

Kurzarbeit kann eine Schonzeit für die Arbeitnehmer darstellen. Die Anmeldung von Kurzarbeit signalisiert den Arbeitnehmern, dass sie für das Unternehmen wichtig sind und das Unternehmen sie gerne im Personalbestand halten möchte. Durch die Kurzarbeit werden Arbeitnehmer vor der Arbeitslosigkeit geschützt, so kann eine drohende Kündigung des Arbeitsverhältnisses vermieden oder zumindest hinausgezögert werden. Der Arbeitnehmer hat durch das Konjunkturpaket II die Chance zu einer weiterführenden Qualifizierung, welche je nach Einstufung von der Bundesagentur für Arbeit teilweise oder ganz unterstützt werden können. Infolge dessen kann der Arbeitnehmer seine Kenntnisse erweitern und sich so für eine Weiterbeschäftigung qualifizieren. Außerdem kann der Arbeitnehmer durch Weiterbildung seine Chancen am Arbeitsmarkt erhöhen.[33] Jedoch können Arbeitnehmer auch die freie Zeit nutzen eine unter bestimmten Voraussetzungen erfüllte Nebentätigkeit auszuführen.[34] Arbeitnehmer, die sich in Kurzarbeit befinden, profitieren trotz der Unternehmensunsicherheit von ihrer Beschäftigungssicherheit.[35]

Kurzarbeit ist ein Signal für einen bedrohten Arbeitsplatz. Aus Kurzarbeit entstehen den Arbeitnehmern Einkommenseinbußen, welche als Gegenwert für die Vermeidung der Entlassung gesehen werden. Sollte es zu einem späteren Zeitpunkt wiedererwartend doch zur Kündigung führen, so haben die Arbeitnehmer auf einen Teil ihres Einkommens verzichten müssen. Es gibt also keine Garantie zur Wiederaufnahme der Beschäftigung. Außerdem ist es für Arbeitnehmer schwieriger sich bei einem neuen Unternehmen zu bewerben, da sie sich in einem gekündigten Arbeitsverhältnis befinden. Nicht jeder Arbeitnehmer kommt für Kurzarbeit in Frage, da ein

---

[32] Vgl. Becker M., u.a. (2009).
[33] Vgl. Bundesministerium für Soziales und Arbeit (2009).
[34] Vgl. Winkel R. (2009).
[35] Vgl. Eichwald F. (2009).

Unternehmen nur dann versuchen wird einen Arbeitnehmer zu halten, wenn die Kosten nicht höher sind, als möglicherweise anfallenden Entlassungs- und Einstellungskosten. Bei einem Arbeitsausfall von 100% und der angemessenen Berechnungsgrundlage erhalten die Arbeitnehmer gerade den Wert, den sie bei dem Arbeitslosengeld I erhalten würden.[36] Der Anspruch auf Elterngeld verringert sich für Eltern, die sich in Kurzarbeit befinden, was natürlich sehr kritisch anzusehen sein sollte.[37]

---

[36] Vgl. Tellmann U. (2009).
[37] Vgl. Kosick I. (2009).

5 Fazit

Kurzarbeit kann den Unternehmen das Überwinden einer Krise ermöglichen. Jedoch ist festzuhalten, dass Kurzarbeit als Arbeitsmarkinstrument zwei verschiedene Erscheinungsformen hinsichtlich ihrer Wirkung hat. Einerseits kann durch Kurzarbeit das Halten von Arbeitnehmern deren optimale Allokation verhindern und bremst die strukturellen Anpassungsprozesse. Andererseits ist die Kurzarbeit zeitlich limitiert als beschäftigungsstabilisierend anzusehen, da Entlassungen und eventuell anfallende Rekrutierungskosten vermieden werden können. Das Instrument Kurzarbeit ist jedoch nicht als ein nachhaltig wirkendes Instrument anzusehen, da die Arbeitsplätze nur kurzfristig gesichert werden können und so letztendlich doch Entlassungen folgen werden.[38]

---

[38] Vgl. Crimmann A., Wießner F. (2009) S.7.

Anhang

Becker M., u.a. (2009):
Personalkosten-Kurzfristige Einsparpotentiale; Online im Internet: [Stand 27.06.2009] http://www.mittelstandscoach.de/nachricht/article/personalkosten-kurzfristige-einsparpotenziale.html [Datum des Abrufes: 26.06.2009]

Berner, W. (2004):
Strukturelle Kurzarbeit: Ersetzt durch die Förderung von Transfermaßnahmen; Online im Internet: [Stand 2004] http://www.umsetzungsberatung.de/arbeitsrecht/strukturelle-kurzarbeit.php [Datum des Abrufes: 24.06.2009]

Brierley A. (2009):
Risiken bei der Umsetzung von Kurzarbeit; Online im Internet: [Stand 02.04.2009] http://www.betrifft-unternehmen.de/aktuelles/fachbeitraege/fachbeitraege/fachbeitraege-einzelansicht/article/risiken-bei-der-umsetzung-von-kurzarbeit.html [Datum des Abrufes: 26.6.2009]

Bundesagentur für Arbeit (2009):
Saison-Kurzarbeitergeld; Online im Internet: [Stand 06.04.2009] http://www.arbeitsagentur.de/nn_27694/Navigation/zentral/Unterneh men/Hilfen/Kurzarbeitergeld/Saison/Saison-Nav.html [Datum des Abrufes: 25.06.2009]

Bundesministerium für Arbeit und Soziales (2009):
Kurzarbeitergeld – Sinnvolles Instrument in der Krise; Online im Internet: [Stand 24.06.2009] http://www.einsatz-fuer-arbeit.de/sites/generator/32234/property=pdf/kurzarbeit__sinnvolles__instrument.pdf [Datum des Abrufes: 24.6.2009]

Bundesministerium für Arbeit und Soziales (2009):
Mit Kurzarbeit die Krise meistern; Online im Internet: [Stand 26.06.2009] http://www.einsatz-fuer-arbeit.de/sites/generator/32230/property=pdf/praesentation__kurzarb eit__qualifizierung.pdf [Datum des Abrufes: 26.06.2009]

Crimmann A., Wießner F. (2009):
IAB-Kurzbericht Verschnaufpause dank Kurzarbeit; Online im Internet: [Stand 10.02.2009] http://doku.iab.de/kurzber/2009/kb1409.pdf [Datum des Abrufes: 25.06.2009]

Datev eG (2009):
Kurzarbeit-Chance für Unternehmen und Beschäftigte; Online im Internet: [Stand 01.02.2009] http://wissensvermittlung.datev.de/download/DATEV/downloaddatei enordner/36174_leseprobe.pdf [Datum des Abrufes: 26.06.2009]

Eichwald F. (2009):
Kurzarbeit- Warum? Wieso? Weshalb?; Online im Internet: [Stand 27.01.2009] http://arbeits-abc.de/kurzarbeit-warum-wieso-weshalb/ [Datum des Abrufes: 27.06.2009]

Evert H. (2009):
Staat erwägt massiven Eingriff in den Arbeitsmarkt; Online im Internet: [Stand 13.04.2009] http://www.welt.de/wirtschaft/article3548192/Staat-erwaegt-massiven-Eingriff-in-den-Arbeitsmarkt.html [Datum des Abrufes: 27.06.2009]

George, C. (2009):
Mit Kurzarbeit die Krise meistern; Online im Internet: [Stand 23.06.2009] http://www.123recht.net/article.asp?a=44365&ccheck=1 [Datum des Abrufes: 25.06.2009]

Göbel A. (2009):
Voraussetzungen der Kurzarbeit; Online im Internet: [Stand 28.03.2009] http://www.comteam.de/fileadmin/user_upload/Downloads/Downloa dArea/Recht/Voraussetzungen_der_Kurzarbeit.pdf [Datum des Abrufes: 24.06.2009]

Hilgenfeld M., Schömmel I., Wasmuth D. (2005):
Personalkosten senken, Haufe Verlag (2005)

Hundt D., Sommer M., Scholz O.
(2009):
Zusätzliche stabilisierende Maßnahmen für den Arbeitsmarkt; Online im Internet: [Stand 05.06.2009] http://www.einsatz-fuer-arbeit.de/sites/generator/33376/property=pdf/pm__gemeinsame__erk laerung__kug__plus.pdf [Datum des Abrufes: 26.06.2009]

Kosick I. (2009):
Kurzarbeit-Risiko für das Elterngeld; Online im Internet: [Stand 03.03.2009] http://www.sozialhilfe24.de/news/433/kurzarbeit-elterngeld-risiko-schwangere/ [Datum des Abrufes: 27.06.2009]

Nemak, M. (2009):
Informationen zum Kurzarbeitergeld für Arbeitnehmer und Arbeitgeber; Online im Internet: [Stand 24.06.2009] http://www.kurzarbeit-aktuell.de/transferkurzarbeitergeld.html [Datum des Abrufes: 24.06.2009]

Schatz B., Öllinger K., Hofbauer I., Wurz L. (2009):
Kurzarbeit – die Krise und wir; Online im Internet: [Stand 25.06.2009] http://www.gruene.at/soziales_arbeit/kurzarbeit/ [Datum des Abrufes: 25.06.2009]

Tellmann, U. (2009):
Arbeitsblätter zum Thema Kurzarbeit/ Basisinformation; Online im Internet: [Stand 23.06.2009] http://www.wirtschaftsdeutsch.de/materialboerse/arbeitsblatt-kurzarbeit-basisinfos.pdf [Datum des Abrufes: 25.06.2009]

Wilhelm A., Trautmann P., Bölter D. (2008):
Einstellungssache; Online im Internet: [Stand 01.06.2008] http://www.ba-arbeitgebernews.de/archiv/5496.pdf [Datum des Abrufes: 26.06.2009]

Winkel R. (2009):
Während der Kurzarbeit-Angemeldetes Nebeneinkommen ist erlaubt; Online im Internet: [Stand 26.02.2009] http://www.biallo.de/finanzen/Steuern_Recht/waehrend_der_kurzarb eit_angemeldetes_nebeneinkommen_ist_erlaubt.php [Datum des Abrufes: 26.06.2009]

Literaturverzeichnis

Allmendiger J., Eichenhorst W., Walwei U. [Hrsg] (2001):	Institut für Arbeitsmarkt- und Berufsforschung; Handbuch Arbeitsmarkt; Analysen, Daten, Fakten Campus Verlag 2001
Becker M., u.a. (2009):	Personalkosten-Kurzfristige Einsparpotentiale; Online im Internet: [Stand 27.06.2009] http://www.mittelstandscoach.de/nachricht/article/personalkosten-kurzfristige-einsparpotenziale.html [Datum des Abrufes: 26.06.2009]
Berner, W. (2004):	Strukturelle Kurzarbeit: Ersetzt durch die Förderung von Transfermaßnahmen; Online im Internet: [Stand 2004] http://www.umsetzungsberatung.de/arbeitsrecht/strukturelle-kurzarbeit.php [Datum des Abrufes: 24.06.2009]
Brierley A. (2009):	Risiken bei der Umsetzung von Kurzarbeit; Online im Internet: [Stand 02.04.2009] http://www.betrifft-unternehmen.de/aktuelles/fachbeitraege/fachbeitraege/fachbeitraege-einzelansicht/article/risiken-bei-der-umsetzung-von-kurzarbeit.html [Datum des Abrufes: 26.6.2009]
Bundesagentur für Arbeit (2009):	Saison-Kurzarbeitergeld; Online im Internet: [Stand 06.04.2009] http://www.arbeitsagentur.de/nn_27694/Navigation/zentral/Unterneh men/Hilfen/Kurzarbeitergeld/Saison/Saison-Nav.html [Datum des Abrufes: 25.06.2009]
Bundesministerium für Arbeit und Soziales (2009):	Kurzarbeitergeld – Sinnvolles Instrument in der Krise; Online im Internet: [Stand 24.06.2009] http://www.einsatz-fuer-arbeit.de/sites/generator/32234/property=pdf/kurzarbeit__sinnvolles__instrument.pdf [Datum des Abrufes: 24.6.2009]
Bundesministerium für Arbeit und Soziales (2009):	Mit Kurzarbeit die Krise meistern; Online im Internet: [Stand 26.06.2009] http://www.einsatz-fuer-arbeit.de/sites/generator/32230/property=pdf/praesentation__kurzarb eit__qualifizierung.pdf [Datum des Abrufes: 26.06.2009]
Crimmann A., Wießner F. (2009):	IAB-Kurzbericht Verschnaufpause dank Kurzarbeit; Online im Internet: [Stand 10.02.2009] http://doku.iab.de/kurzber/2009/kb1409.pdf [Datum des Abrufes: 25.06.2009]
Datev eG (2009):	Kurzarbeit-Chance für Unternehmen und Beschäftigte; Online im Internet: [Stand 01.02.2009] http://wissensvermittlung.datev.de/download/DATEV/downloaddatei enordner/36174_leseprobe.pdf [Datum des Abrufes: 26.06.2009]
Eichwald F. (2009):	Kurzarbeit- Warum? Wieso? Weshalb?; Online im Internet: [Stand 27.01.2009] http://arbeits-abc.de/kurzarbeit-warum-wieso-weshalb/ [Datum des Abrufes: 27.06.2009]
Evert H. (2009):	Staat erwägt massiven Eingriff in den Arbeitsmarkt; Online im Internet: [Stand 13.04.2009] http://www.welt.de/wirtschaft/article3548192/Staat-erwaegt-massiven-Eingriff-in-den-Arbeitsmarkt.html [Datum des Abrufes: 27.06.2009]
George, C. (2009):	Mit Kurzarbeit die Krise meistern; Online im Internet: [Stand 23.06.2009] http://www.123recht.net/article.asp?a=44365&ccheck=1 [Datum des Abrufes: 25.06.2009]

Göbel A. (2009): Voraussetzungen der Kurzarbeit; Online im Internet: [Stand 28.03.2009] http://www.comteam.de/fileadmin/user_upload/Downloads/Downloa dArea/Recht/Voraussetzungen_der_Kurzarbeit.pdf [Datum des Abrufes: 24.06.2009]

Hilgenfeld M., Schömmel I., Wasmuth D. (2005): Personalkosten senken, Haufe Verlag (2005)

Hundt D., Sommer M., Scholz O. (2009): Zusätzliche stabilisierende Maßnahmen für den Arbeitsmarkt; Online im Internet: [Stand 05.06.2009] http://www.einsatz-fuer-arbeit.de/sites/generator/33376/property=pdf/pm__gemeinsame__erk laerung__kug__plus.pdf [Datum des Abrufes: 26.06.2009]

Kosick I. (2009): Kurzarbeit-Risiko für das Elterngeld; Online im Internet: [Stand 03.03.2009] http://www.sozialhilfe24.de/news/433/kurzarbeit-elterngeld-risiko-schwangere/ [Datum des Abrufes: 27.06.2009]

Nemak, M. (2009): Informationen zum Kurzarbeitergeld für Arbeitnehmer und Arbeitgeber; Online im Internet: [Stand 24.06.2009] http://www.kurzarbeit-aktuell.de/transferkurzarbeitergeld.html [Datum des Abrufes: 24.06.2009]

Schatz B., Öllinger K., Hofbauer I., Wurz L. (2009): Kurzarbeit – die Krise und wir; Online im Internet: [Stand 25.06.2009] http://www.gruene.at/soziales_arbeit/kurzarbeit/ [Datum des Abrufes: 25.06.2009]

Tellmann, U. (2009): Arbeitsblätter zum Thema Kurzarbeit/ Basisinformation; Online im Internet: [Stand 23.06.2009] http://www.wirtschaftsdeutsch.de/materialboerse/arbeitsblatt-kurzarbeit-basisinfos.pdf [Datum des Abrufes: 25.06.2009]

Wilhelm A., Trautmann P., Bölter D. (2008): Einstellungssache; Online im Internet: [Stand 01.06.2008] http://www.ba-arbeitgebernews.de/archiv/5496.pdf [Datum des Abrufes: 26.06.2009]

Winkel R. (2009): Während der Kurzarbeit-Angemeldetes Nebeneinkommen ist erlaubt; Online im Internet: [Stand 26.02.2009] http://www.biallo.de/finanzen/Steuern_Recht/waehrend_der_kurzarb eit_angemeldetes_nebeneinkommen_ist_erlaubt.php [Datum des Abrufes: 26.06.2009]

BEI GRIN MACHT SICH IHR
WISSEN BEZAHLT

- Wir veröffentlichen Ihre Hausarbeit,
  Bachelor- und Masterarbeit

- Ihr eigenes eBook und Buch -
  weltweit in allen wichtigen Shops

- Verdienen Sie an jedem Verkauf

Jetzt bei www.GRIN.com hochladen
und kostenlos publizieren